g g g g

q q q q

a good quail

gg gg

go go go go go good

qq qq

aq aq aq aq aqua

good   aqua

3

Downcurve Letters

n m m m

m m m m

m m m m

a noisy monkey

mn mn

mo mo mo mo mod

mm mm

ma ma ma man

mod man

$\mathscr{V\,N\,X\,X}$

$\mathscr{N\quad N\quad N\quad N}$

$\mathscr{N\quad N\quad N\quad N}$

a vulture's xylophone

$\mathscr{NV\quad NV}$

$\mathscr{Na\quad Na\quad Na\quad Na\quad Nan}$

$\mathscr{XX\quad XX}$

$\mathscr{ox\quad ox\quad ox\quad ox\quad ox\quad box}$

van   box

Y y   Z z

y y y y

z z z z

a yawning zebra

yy yy

ya ya ya ya yam

zz zz

zo zo zo zo zo zoo

yam   zoo

6 *Overcurve Letters*

i i t t

i i i i i

t t t t

an intelligent turtle

ii ii

ig ig ig ig dig

tt tt

ti ti ti ti ti tin

dig   tin

U W W W

an upside-down walrus

w w w w

w w w

wwww wwww

qw qw qw qw quiz

ww ww

wi wi wi wi wig

quiz wig

Undercurve Letters

r n s s

n n n n n n

s s s s s s

a sleepy raccoon

rn rn

run run run run run

ssi ssi

su su su su su sun

run   sun

j j p p

a juggling pig

j j j j

p p p p

jj jj
ju ju ju ju ju jug

pp pp
pa pa pa pa pan

jug   pan

10   *Undercurve Letters*

e e l

e e e e

l l l l

a leaping elephant

ee ee

et et et et et wet

ll ll

la la la la lamp

wet   lamp

b b f f

b   b   b   b

f   f   f   f

a baby frog

bb   bb

bl   bl   bl   bl   blue

ff   ff

fa   fa   fa   fa   fast

blue   fast

Loop Letters

h h k k

h h h h

k k k k

hh hh

ho ho ho ho hop

kk kk

ke ke ke ke ke key

a hungry kangaroo

Joey

hop   key

Loop Letters

Name _____

_____

_____

Trace and write the lowercase cursive letters.

a   b   c

d   e   f

g   h   i

j   k   l

m   n

o   p   q

r   s   t

u   v   w

x   y   z

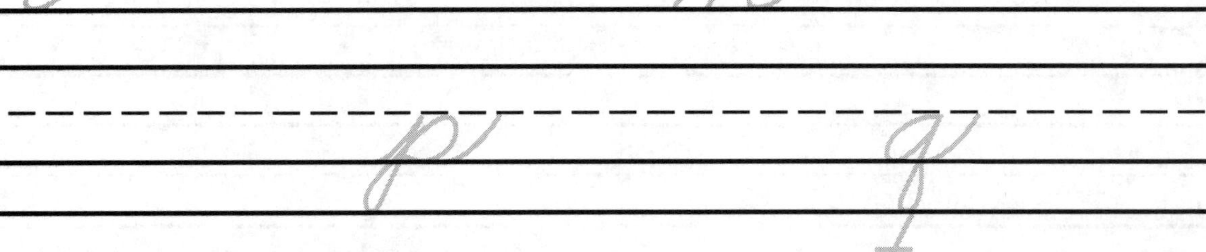

A a O O

A A A A

O O O O

Amy Owen's apron

A A   O O

Am Am Am Amy

Our Our Our Owen

Amy Owen

15 Downcurve Letters

C C E E

C C C C

E E E E

C C   E E

Er Er Er Er Er Eric

Cl Cl Cl Cl Cl Cline

Eric Cline

Eric Cline's coat

N n M m

n   n   n   n

m   m   m   m

Mary Nash's medal

n n   m m

Ma   Ma   Ma   Marry

Na   Na   Na   Nash

Mary Nash

17   Curve Forward Letters

Name

H H K K

H H H H H

K K K K K

Ken Haw's house

H H K K

Ke Ke Ke Ke Ken

Ha Ha Ha Ha Ha Haw

Ken Haw

Curve Forward Letters

$\mathcal{V}$ $\mathcal{V}$ $\mathcal{W}$ $\mathcal{U}$

$\mathcal{V}$ $\mathcal{V}$ $\mathcal{V}$ $\mathcal{V}$ $\mathcal{V}$

$\mathcal{W}$ $\mathcal{W}$ $\mathcal{W}$ $\mathcal{W}$ $\mathcal{W}$

Will Vaughn's violin

$\mathcal{V}$ $\mathcal{V}$ $\mathcal{W}$ $\mathcal{W}$

Wi Wi Wi Wi Will

Va Va Va Va Vaughn

Will Vaughn

19
Curve Forward Letters

Name

U U U U

Y Y Y Y

U U   Y Y

Yo Yo Yo Yo Yolanda

Un Un Un Un Unger

Yolanda Unger

U U Y Y

Yolanda Unger's uniform

Curve Forward Letters

Name

X X Z z

X X X X X

Z Z Z Z

Xavier Zigler's X-ray

X X   Z z

Xa Xa Xa Xa Xavier

Zi Zi Zi Zi Zigler

Xavier Zigler

Name

B B P P R R

B   B   B   B

P   P   P   P

R   R   R   R

Paul Brian Roe's present

Pa   Pa   Paul

Br   Br   Brian

Ro   Ro   Roe

Paul Brian Roe

Name

𝒟 𝒟 𝒟 𝒟

ℒ ℒ ℒ ℒ

𝒟 𝒟   ℒ ℒ

𝒟𝑜 𝒟𝑜 𝒟𝑜 𝒟𝑜𝑛𝑛𝑎

ℒ𝑎 ℒ𝑎 ℒ𝑎 ℒ𝑎 ℒ𝑎𝑛𝑔

𝒟𝑜𝑛𝑛𝑎 ℒ𝑎𝑛𝑔

Donna Lang's desk

S S G G

S S S S

G G G G

S S S G G G

Sam Gamble's glove

Sa Sa Sa Sa Sam

Ga Ga Ga Gamble

Sam Gamble

24

Loop Letters

$\mathcal{F}$ $\mathcal{F}$ $\mathcal{F}$

$\mathcal{F}$ $\mathcal{F}$ $\mathcal{F}$ $\mathcal{F}$

$\mathcal{F}$ $\mathcal{F}$ $\mathcal{F}$ $\mathcal{F}$

Tia Ford's family

$\mathcal{F}$ $\mathcal{F}$ $\mathcal{F}$ $\mathcal{F}$ $\mathcal{F}$

Ti Ti Ti Ti Tia

Fo Fo Fo Fo Ford

Tia Ford

25

Double Curve Letters

Ii Jj Qq

I

J

Q

Ian Jack Quinn's journal

Ia Ia Ian

Ja Ja Jack

Qu Qu Quinn

Ian Jack Quinn